Meenu Vijarania
Swati Gupta

Classificação das doenças da folha da batata

Meenu Vijarania
Swati Gupta

Classificação das doenças da folha da batata

ScienciaScripts

Cover image: www.ingimage.com

This book is a translation from the original published under ISBN 978-620-7-65149-8.

Publisher:
Sciencia Scripts
is a trademark of
Dodo Books Indian Ocean Ltd. and OmniScriptum S.R.L publishing group

120 High Road, East Finchley, London, N2 9ED, United Kingdom
Str. Armeneasca 28/1, office 1, Chisinau MD-2012, Republic of Moldova, Europe
Printed at: see last page
ISBN: 978-620-7-85882-8

ÍNDICE

RESUMO

As batatas são um legume bem conhecido de todos nós. A cultura da batata tem sido muito popular na Índia nas últimas décadas. Mas a produção de batata está a ser prejudicada por doenças como o míldio e o míldio tardio, que estão a aumentar o custo de produção. O objetivo aqui é construir um processo automatizado e rápido de deteção de doenças para aumentar a produção de batata e digitalizar o sistema. O nosso principal objetivo é diagnosticar doenças da batata utilizando imagens de folhas, o que será feito através do algoritmo CNN. Este documento oferece uma imagem que está a ser processada, e os sistemas automatizados baseados na aprendizagem automática detectarão e classificarão as doenças das folhas da batata. O processamento de imagens é a melhor opção para detetar e analisar estas doenças. Nesta análise, é feita a divisão de imagens; mais de 2000 imagens de folhas de batata saudáveis e não saudáveis, que são recolhidas do Kaggle, e alguns modelos pré-preparados são utilizados para reconhecimento e caraterização de folhas saudáveis e doentes.

PALAVRAS-CHAVE: Doença da Folha da Batata, CNN, Aprendizagem Automática, Inteligência Artificial

CAPÍTULO 1
INTRODUÇÃO

1. Antecedentes do projeto

A cultura da batata desempenha um papel crucial na segurança alimentar global, sendo a batata um alimento básico para milhões de pessoas em todo o mundo. No entanto, as plantas de batata são vulneráveis a várias doenças, que podem causar perdas significativas de rendimento se não forem prontamente identificadas e geridas. As doenças das folhas, em particular, representam uma ameaça significativa, uma vez que afectam diretamente a capacidade da planta para fotossintetizar e produzir tubérculos saudáveis.

Tradicionalmente, a identificação de doenças das plantas tem-se baseado na inspeção manual por agrónomos experientes. Este processo é trabalhoso, demorado e sujeito a erros humanos. Além disso, com o aumento da escala de cultivo da batata e a propagação de doenças devido à globalização e às alterações climáticas, há uma necessidade crescente de métodos mais eficientes e precisos de deteção e classificação de doenças.

Os recentes avanços na inteligência artificial (IA), nomeadamente no domínio da visão computacional, oferecem soluções promissoras para este desafio. As Redes Neuronais Convolucionais (CNN), uma classe de modelos de aprendizagem profunda, demonstraram capacidades notáveis em tarefas de reconhecimento de imagens, incluindo a deteção e classificação de doenças de plantas com base em sintomas visuais.

O projeto proposto visa aproveitar as CNNs para a classificação de doenças das folhas de batata. Ao treinar um modelo CNN num conjunto de dados que contém imagens de folhas de batata saudáveis, bem como de folhas afectadas por doenças comuns, como o míldio, o míldio precoce e o vírus Y da batata, o objetivo é desenvolver um sistema robusto capaz de identificar e classificar com precisão as folhas doentes em tempo real.

Um sistema deste tipo traria vários benefícios aos produtores de batata e às partes interessadas do sector agrícola. Poderia permitir a deteção precoce de doenças, permitindo intervenções atempadas, como a aplicação de pesticidas ou a rotação de culturas, para mitigar a propagação de infecções e minimizar as perdas de rendimento. Além disso, poderia facilitar a monitorização da prevalência e distribuição das doenças, ajudando os investigadores e os decisores políticos a desenvolver estratégias mais eficazes de gestão das doenças.

Ao aproveitar o poder da IA e da aprendizagem automática, este projeto procura contribuir para o avanço da agricultura de precisão e das práticas sustentáveis de gestão das culturas. Ao capacitar os agricultores com ferramentas para a deteção e gestão precoce de doenças, visa aumentar a produtividade agrícola, a segurança alimentar e a sustentabilidade ambiental nos sistemas de cultivo de batata.

2. MOTIVAÇÃO

A motivação subjacente à classificação das doenças da batata utilizando tecnologias avançadas, em particular as redes neuronais convolucionais (CNN), está profundamente enraizada nos desafios críticos enfrentados pelo sector agrícola. Sendo um alimento básico a nível mundial, a batata é suscetível a várias doenças que representam ameaças significativas ao rendimento das culturas, à estabilidade económica e à segurança alimentar. A necessidade de uma classificação automatizada das doenças decorre da urgência de enfrentar eficazmente estes desafios. A deteção atempada de doenças é fundamental para que os agricultores implementem intervenções rápidas e evitem grandes perdas. A inspeção manual de grandes áreas agrícolas é impraticável, tornando os sistemas automatizados uma necessidade para uma monitorização eficiente e abrangente das culturas. Além disso, muitos agricultores podem não ter os conhecimentos necessários para a identificação manual de doenças, o que realça a importância de soluções acessíveis e automatizadas. Ao tirar partido dos avanços da tecnologia agrícola, em particular das CNN, esta abordagem não só facilita a deteção precoce de doenças, como também se alinha com a tendência global mais ampla para a agricultura de precisão, as práticas sustentáveis e a democratização da tecnologia em benefício dos agricultores de todo o mundo. A motivação é clara: melhorar as práticas agrícolas, proteger a segurança alimentar global e capacitar os agricultores através da adoção de soluções tecnológicas sofisticadas, mas acessíveis, no domínio da classificação das doenças da batata.

CAPÍTULO 2

REVISÃO DA LITERATURA

1. Revisão da literatura existente

Um estudo anterior de Aditi Singh, Harjeet Kaur [1] utilizou o dispositivo como entrada e a segmentação numa única folha de planta após a remoção do contexto é efectuada. A segmentação da imagem do componente doente é então analisada utilizando uma passagem alta para a folha. E os resultados foram Manter esta intenção como motivação para o modelo proposto para detetar e classificar as folhas afectadas e não afectadas da batata. A estrutura proposta conseguiu atingir uma exatidão de 95,99%.

Outro estudo efectuado por Tan Soo Xian, Ruzelita Ngadiran [2] utiliza o algoritmo Plant Diseases Classification using Machine Learning. Espera-se que o desempenho baseado na taxa de precisão do classificador ELM seja equivalente ao de outros modelos de classificação, como a árvore de decisão (DT) e a máquina de vectores de apoio (SVM). A complexidade também será reduzida. Globalmente, o resultado mostra que o ELM tem um bom resultado em comparação com o classificador de árvore de decisão utilizando as características de imagem propostas.

Em [3] Deteção de doenças e pragas das plantas com base na aprendizagem profunda. Analisa os três tipos de métodos de deteção de doenças e pragas das plantas com base na aprendizagem profunda de acordo com a estrutura da rede, incluindo classificação, deteção e segmentação.

Outro artigo [4] Os objectivos são detetar a parte doente da folha a partir da imagem, extrair características de uma parte exposta da folha e reconhecer a folha doente através de SVM. Além disso, a Rede Neural Convolucional (Alexnet). A aprendizagem por transferência e outros modelos CNN podem ser avaliados para melhorar a precisão da deteção de doenças nas folhas do tomateiro.

2. ANÁLISE DAS LACUNAS

O domínio da classificação das doenças das folhas da batateira registou progressos substanciais nos últimos anos; no entanto, uma análise exaustiva das lacunas revela várias áreas em que são necessários mais investigação e desenvolvimento. Em primeiro lugar, existe uma escassez de conjuntos de dados diversificados e bem anotados que abranjam várias doenças da batateira, fases de crescimento e condições ambientais. Embora os conjuntos de dados possam centrar-se em doenças comuns, a expansão do âmbito de aplicação para incluir agentes patogénicos raros ou emergentes aumentaria a adaptabilidade do modelo.

Além disso, a maioria dos estudos existentes concentra-se em doenças individuais, não existindo modelos robustos capazes de identificar simultaneamente várias doenças numa única folha. Uma abordagem holística que considere a coocorrência de doenças é essencial para aplicações agrícolas práticas. Além disso, a monitorização das doenças em tempo real e a deteção precoce são componentes essenciais de uma gestão eficaz das doenças, mas os modelos actuais carecem frequentemente da capacidade de vigilância contínua.

A integração de tecnologias de sensores, deteção remota e dispositivos da Internet das coisas (IoT) poderia colmatar esta lacuna, permitindo aos agricultores receber alertas atempados e tomar medidas rápidas. Por último, embora a precisão dos modelos de aprendizagem automática seja fundamental, as interfaces de fácil utilização adaptadas aos agricultores com conhecimentos técnicos limitados são igualmente vitais para uma adoção generalizada. A resolução destas lacunas contribuirá para o desenvolvimento de soluções mais robustas, adaptáveis e acessíveis para a classificação das doenças das folhas da batateira, promovendo práticas sustentáveis de gestão das culturas.

3. DECLARAÇÃO DO PROBLEMA

A indústria da batata, uma componente vital da segurança alimentar mundial, enfrenta um desafio significativo na gestão e prevenção eficazes das doenças que afectam as plantas de batata. As doenças foliares da batata, incluindo o míldio tardio e o míldio precoce, representam uma ameaça constante para o rendimento e a qualidade das culturas. A falta de métodos rápidos e precisos para identificar estas doenças nas suas fases iniciais dificulta a capacidade dos agricultores para implementar intervenções atempadas e direccionadas.

Os métodos convencionais de deteção de doenças baseiam-se frequentemente na inspeção visual por peritos, o que pode ser subjetivo, demorado e impraticável para operações agrícolas em grande escala. Este facto cria uma necessidade premente de soluções avançadas e tecnológicas que possam automatizar a identificação e classificação das doenças das folhas da batateira. O desenvolvimento de um modelo fiável de aprendizagem automática, treinado em conjuntos de dados diversos e bem anotados, poderá revolucionar as estratégias de gestão de doenças, fornecendo aos agricultores uma ferramenta proactiva para proteger as suas culturas e otimizar as práticas agrícolas. A resolução deste problema é crucial para manter a saúde das culturas de batata, garantir a segurança alimentar e promover práticas agrícolas sustentáveis.

4. OBJECTIVOS

Os principais objectivos da classificação das doenças das folhas da batateira consistem em tirar partido das tecnologias de aprendizagem automática para melhorar a precisão e a eficiência da identificação de doenças nas culturas de batata.

Em primeiro lugar, o projeto visa desenvolver um conjunto de dados abrangente que inclua imagens de alta qualidade de folhas de batata saudáveis e doentes, abrangendo várias doenças comuns, como o míldio tardio e o míldio precoce. Este conjunto de dados servirá de base para a formação e avaliação de modelos de aprendizagem automática.

Em segundo lugar, o projeto procura implementar um modelo sofisticado de aprendizagem automática, utilizando potencialmente redes neuronais convolucionais (CNN) e técnicas de aprendizagem por transferência, para classificar com precisão diferentes doenças da folha da batateira. O modelo deve ser capaz de generalizar em diversas condições e distinguir eficazmente entre várias doenças e folhagem saudável. Para avaliar rigorosamente o desempenho do modelo, serão utilizadas métricas de avaliação, incluindo a exatidão, a precisão, a recordação e a pontuação F1.

Além disso, o objetivo é desenvolver uma interface ou aplicação de fácil utilização, garantindo que o modelo seja facilmente acessível e utilizável pelos agricultores, mesmo aqueles com conhecimentos técnicos limitados.

Em última análise, o objetivo global é capacitar os agricultores com uma ferramenta fiável que facilite a deteção precoce e a classificação precisa das doenças das folhas da batateira, permitindo assim intervenções atempadas e orientadas para mitigar as perdas de colheitas e aumentar a produtividade agrícola global.

CAPÍTULO 3

METODOLOGIA

1. Metodologia utilizada para a realização do projeto

1.1 Conjunto de dados utilizados no projeto principal

Qualquer projeto de aprendizagem automática supervisionada começa com o processo de recolha de dados.

Existem basicamente três passos para recolher o conjunto de dados:

1) Recolher e anotar os dados por si próprio.

2) Escrever scripts de recolha de imagens da Internet.

3) Comprar dados a fornecedores terceiros ou utilizar repositórios públicos como o Kaggle.

O conjunto de dados é retirado do repositório Kaggle. O conjunto de dados é composto por imagens pertencentes a três classes diferentes.

Segue-se a ligação para o conjunto de dados:

Plant Village Potato (kaggle.com)

O conjunto de dados contém três tipos de imagens:

Batata_Saudável Batata_ferrugem inicial Batata_ferrugem tardia

1.2 Pré-processamento de dados:

- Redimensione todas as imagens para um tamanho uniforme para garantir a consistência das dimensões de entrada para o modelo CNN.
- Normalizar os valores de pixéis para um intervalo entre 0 e 1 para facilitar a convergência durante a formação.
- Aumentar o conjunto de dados através de técnicas como a rotação, a inversão e o corte aleatório para aumentar a diversidade do conjunto de dados e melhorar a generalização do modelo.

1.3 Formação de modelos:

- Dividir o conjunto de dados em conjuntos de treino, validação e teste utilizando uma abordagem estratificada para garantir o equilíbrio da distribuição das classes nos conjuntos.
- Treinar o modelo CNN selecionado utilizando o conjunto de treino e validar o seu desempenho no conjunto de validação.

1.4 Avaliação do modelo:

Avaliar o desempenho do modelo treinado no conjunto de teste para obter estimativas imparciais da sua precisão de classificação e capacidades de generalização.

1.5 Implantação e integração:

- Empacote o modelo treinado em um formato implantável compatível com o ambiente de implantação de destino, como TensorFlow SavedModel ou ONNX.
- Desenvolver uma aplicação ou interface API para uma integração perfeita do modelo em sistemas de apoio à decisão agrícola, aplicações móveis ou plataformas Web.

2. Pormenores sobre as ferramentas, o software e o equipamento utilizados.

PLATAFORMA UTILIZADA

Para este projeto, utilizámos várias tecnologias mais recentes que serão avaliadas neste capítulo com todos os pormenores da sua utilização.

LINGUAGEM DE PROGRAMAÇÃO: **PYTHON**

Utilizámos a linguagem Python por ser relativamente recente em comparação com outras linguagens como Java, C++, etc., e por ter muitas funcionalidades. Podemos utilizar a linguagem Python para a aprendizagem automática, a visão por computador, a inteligência artificial, etc., e a construção de uma aplicação GUI também é facilmente realizada em Python.

Python é uma linguagem de programação de alto nível, de uso geral, amplamente utilizada. Foi criada por Guido van Rossum em 1991 e desenvolvida pela Python Software Foundation. Foi concebida com ênfase na legibilidade do código, e a sua sintaxe permite aos programadores exprimir os seus conceitos em menos linhas de código. Python é uma linguagem de programação que permite trabalhar rapidamente e integrar sistemas de forma mais eficiente. Existem duas versões principais de Python: Python 2 e Python 3

Razões para selecionar esta língua:

1. Linguagem curta e concisa.
2. Fácil de aprender e utilizar.
3. Bom suporte técnico através da Internet
4. Muitos pacotes para diferentes tarefas.
5. Executar em qualquer plataforma.
6. Linguagem moderna e OOP

Algumas características específicas do Python são as seguintes:

1. Uma linguagem interpretada (por oposição a compilada). Ao contrário, por exemplo, do C ou do Fortran, não se compila o código Python antes de o executar. Além disso, Python pode ser usado interactivamente: estão disponíveis muitos interpretadores Python, a partir dos quais podem ser executados comandos e scripts.

2. Um software livre lançado sob uma licença de código aberto: Python pode ser utilizado e distribuído gratuitamente, mesmo para a construção de software comercial.

3. Multi-plataforma: Python está disponível para todos os principais sistemas operativos, Windows, Linux/Unix, MacOS X, muito provavelmente o sistema operativo do seu telemóvel, etc.

4. Uma linguagem muito legível com uma sintaxe clara e não verbosa.

5. Uma linguagem para a qual está disponível uma grande variedade de pacotes de alta qualidade para várias aplicações, desde estruturas Web a computação científica.

6. Uma linguagem muito fácil de interagir com outras linguagens, nomeadamente C e C++.

7. Algumas outras características da linguagem são ilustradas logo abaixo. Por exemplo, Python é uma linguagem orientada para objectos, com tipagem dinâmica (a mesma variável pode conter objectos de diferentes tipos durante o curso de um programa).

Construção de sítios Web utilizando o Docker e o Streamlit.

CONFIGURAÇÃO AMBIENTAL

REQUISITOS DE SOFTWARE

Abaixo estão os requisitos para executar este software:

1. Windows/Linux/Mac OS qualquer versão, pelo que pode ser executado em qualquer plataforma.
2. Python3, necessita que o python esteja instalado no sistema para ser executado com sucesso.
3. Pacotes em python -
    a. TensorFlow
    b. câmaras
    c. iluminado
    d. numérico

REQUISITOS DE HARDWARE

Em termos de requisitos de hardware, não é necessário muito, mas os requisitos abaixo são obrigatórios:

1. PC ou computador portátil em funcionamento
2. Câmara Web com controladores instalados
3. Lanterna/ LED para utilização nocturna.

PLATAFORMAS JÁ TESTADAS:

Foi testado no Windows 10.

CAPÍTULO 4

IMPLEMENTAÇÃO

Antes de mais, importar todas as dependências

```
import tensorflow as tf
from tensorflow.keras import models, layers
import matplotlib.pyplot as plt
```

Especificar o tamanho do lote em que cada imagem será processada. O tamanho da imagem é 256x256. A imagem está no formato RGB. Portanto, existem 3 canais. As épocas especificam o número de vezes que a propagação para a frente e para trás irá ocorrer.

```
BATCH_SIZE = 32
IMAGE_SIZE = 256
CHANNELS=3
EPOCHS=8
```

Vamos utilizar o keras para criar um pipeline de entrada. Nele temos de especificar o diretório em que se encontram as imagens. Existem três pastas diferentes separadas de acordo com as suas classes. O nome da pasta será considerado como a classe de cada imagem presente nessa pasta. Como todas as imagens são de (256x256). Por isso, o tamanho da imagem é 256. Também é necessário especificar o tamanho do lote e as imagens serão processadas em lotes. A vantagem do processamento em lotes será o facto de utilizar os recursos de forma eficaz. Se houver um conjunto de dados enorme, de tamanho superior ao da memória RAM do sistema, este pode falhar.

```
dataset = tf.keras.preprocessing.image_dataset_from_directory(
    "PlantVillage",
    seed=123,
    shuffle=True,
    image_size=(IMAGE_SIZE,IMAGE_SIZE),
    batch_size=BATCH_SIZE
)
```

```
Found 2152 files belonging to 3 classes.
```

Existem três classes, como indicado abaixo

```
class_names = dataset.class_names
class_names
```

```
['Potato___Early_blight', 'Potato___Late_blight', 'Potato___healthy']
```

Como se mostra abaixo, cada elemento do conjunto de dados é uma tupla. O primeiro elemento é um lote de 32 elementos de imagens. O segundo elemento é um lote de 32 elementos de etiquetas de classe.

```
for image_batch,label_batch in dataset.take(1):
    print(image_batch.shape)
    print(label_batch.numpy())
```

```
(32, 256, 256, 3)
[1 1 0 0 0 1 1 0 1 1 1 2 1 0 0 0 1 0 1 0 0 0 2 0 0 0 1 0 0 1 0 0]
```

O nosso conjunto de dados parece agora equilibrado. Podemos criar um modelo com base nestes dados.

Representação gráfica das imagens com a respectiva etiqueta de classe utilizando matplotlib

```
plt.figure(figsize=(10,5))
for image_batch,label_batch in dataset.take(1): #changing
    for i in range(8):
        ax = plt.subplot(2,4,i+1)
        plt.imshow(image_batch[i].numpy().astype("uint8"))
        plt.title(class_names[label_batch[i]])
        plt.axis("off")
```

Para dividir os dados em conjuntos de treino, teste e validação, é definida uma função que recebe o conjunto de dados como entrada. Os outros parâmetros têm valores predefinidos para a divisão em treino, validação e teste. Existe também um parâmetro shuffle (baralhar) que baralha as imagens no conjunto de dados para adicionar aleatoriedade.

```
def get_dataset_partitions_tf(ds, train_split=0.8,val_split=0.1,test_split=0.1,shuffle=True,shuffle_size=10000):
    ds_size = len(ds)

    if shuffle:
        ds = ds.shuffle(shuffle_size, seed=12)
    train_size = int(train_split*ds_size)
    val_size = int(val_split * ds_size)

    train_ds=ds.take(train_size)

    val_ds = ds.skip(train_size).take(val_size)
    test_ds =ds.skip(train_size).skip(val_size)

    return train_ds, val_ds, test_ds
```

```
train_ds, val_ds, test_ds = get_dataset_partitions_tf(dataset)
```

Para redimensionar a imagem de entrada, se esta não tiver o tamanho (256x256), foi definida uma camada utilizando keras que redimensionará a imagem para (256x256), de modo a que o treino possa ser efectuado. Também redimensiona os valores RGB.

```
resize_and_rescale = tf.keras.Sequential([
  layers.experimental.preprocessing.Resizing(IMAGE_SIZE, IMAGE_SIZE),
  layers.experimental.preprocessing.Rescaling(1./255),
])
```

Para reduzir as hipóteses de subadaptação dos dados, foi efectuado um aumento dos dados, que os aumentará. A imagem inverte as imagens vertical ou horizontalmente e altera o seu contraste para que possam ser criadas novas imagens de entrada.

```
data_augmentation = tf.keras.Sequential([
  layers.experimental.preprocessing.RandomFlip("horizontal_and_vertical"),
  layers.experimental.preprocessing.RandomRotation(0.2),
])
```

```
train_ds = train_ds.map(
    lambda x, y: (data_augmentation(x, training=True), y)
).prefetch(buffer_size=tf.data.AUTOTUNE)
```

Após as etapas de pré-processamento dos dados, treinámos uma rede neural convolucional simples. Esta contém uma camada de redimensionamento e reescalonamento seguida de um número de camadas de convolução e de pooling máximo. Depois destas camadas, existe uma camada totalmente ligada com 64 neurónios. No final, existe uma camada de saída com três neurónios, uma vez que existem três classes diferentes. Em cada camada oculta foi utilizada a função de ativação Relu. Na camada de saída, foi utilizada a função softmax. Segue-se o código:

```python
input_shape = (BATCH_SIZE, IMAGE_SIZE, IMAGE_SIZE, CHANNELS)
n_classes = 3

model = models.Sequential([
    resize_and_rescale,
    layers.Conv2D(32, kernel_size = (3,3), activation='relu', input_shape=input_shape),
    layers.MaxPooling2D((2, 2)),
    layers.Conv2D(64,  kernel_size = (3,3), activation='relu'),
    layers.MaxPooling2D((2, 2)),
    layers.Conv2D(64,  kernel_size = (3,3), activation='relu'),
    layers.MaxPooling2D((2, 2)),
    layers.Conv2D(64, (3, 3), activation='relu'),
    layers.MaxPooling2D((2, 2)),
    layers.Conv2D(64, (3, 3), activation='relu'),
    layers.MaxPooling2D((2, 2)),
    layers.Conv2D(64, (3, 3), activation='relu'),
    layers.MaxPooling2D((2, 2)),
    layers.Flatten(),
    layers.Dense(64, activation='relu'),
    layers.Dense(n_classes, activation='softmax'),
])

model.build(input_shape=input_shape)
```

A arquitetura detalhada do modelo é apresentada a seguir:

```
_________________________________________________________________
 Layer (type)                Output Shape              Param #
=================================================================
 sequential (Sequential)     (32, 256, 256, 3)         0

 conv2d (Conv2D)             (32, 254, 254, 32)        896

 max_pooling2d (MaxPooling2D  (32, 127, 127, 32)       0
 )

 conv2d_1 (Conv2D)           (32, 125, 125, 64)        18496

 max_pooling2d_1 (MaxPooling  (32, 62, 62, 64)         0
 2D)

 conv2d_2 (Conv2D)           (32, 60, 60, 64)          36928

 max_pooling2d_2 (MaxPooling  (32, 30, 30, 64)         0
 2D)

 conv2d_3 (Conv2D)           (32, 28, 28, 64)          36928

 max_pooling2d_3 (MaxPooling  (32, 14, 14, 64)         0
 2D)

 conv2d_4 (Conv2D)           (32, 12, 12, 64)          36928

 max_pooling2d_4 (MaxPooling  (32, 6, 6, 64)           0
 2D)

 conv2d_5 (Conv2D)           (32, 4, 4, 64)            36928

 max_pooling2d_5 (MaxPooling  (32, 2, 2, 64)           0
 2D)

 flatten (Flatten)           (32, 256)                 0

 dense (Dense)               (32, 64)                  16448
```

```
dense_1 (Dense)             (32, 3)                   195

=================================================================
Total params: 183,747
Trainable params: 183,747
Non-trainable params: 0
_________________________________________________________________
```

O total de parâmetros treináveis é apresentado na figura acima.

Existem diferentes tipos de funções de perda. Neste projeto, foi utilizada a função de perda de entropia cruzada categórica esparsa. Foi utilizado o optimizador Adam, que reduzirá a perda actualizando os pesos e a tendência.

A métrica de precisão foi utilizada para validar a perda na retropropagação.

```
model.compile(
    optimizer='adam',
    loss=tf.keras.losses.SparseCategoricalCrossentropy(from_logits=False),
    metrics=['accuracy']
)
```

Para a previsão, foi escrita uma função que recebe o modelo e uma imagem de entrada como parâmetros de entrada. O modelo devolverá uma matriz que conterá a probabilidade correspondente a cada classe, a partir da qual seleccionaremos a probabilidade com o valor mais elevado. Segue-se o código:

```
def predict(model, img):
    img_array = tf.keras.preprocessing.image.img_to_array(images[i].numpy())
    img_array = tf.expand_dims(img_array, 0) #create a batch

    predictions = model.predict(img_array)

    predicted_class = class_names[np.argmax(predictions[0])]
    confidence = round(100 * (np.max(predictions[0])), 2)
    return predicted_class, confidence
```

As previsões que obtivemos após a aplicação da função de previsão são apresentadas abaixo:

Depois disso, o modelo foi guardado. Para que possa ser utilizado para previsão na nossa aplicação Web.

```
model_version = 1
model.save(f"../models/{model_version}")
```

Para o sítio Web, criámos uma aplicação Web streamlit.

Primeiro, instalámos todas as dependências necessárias.

```
import os
import json
from PIL import Image
import numpy as np
import tensorflow as tf
import streamlit as st
```

Em seguida, guardamos o diretório de trabalho numa variável e guardamos o caminho dos modelos noutra variável.

```
working_dir = os.path.dirname(os.path.abspath(__file__))
model_path = f"{working_dir}/trained_model/plant_disease_prediction_model.h5"
```

Carregue o modelo pré-treinado e também o class_indices.json.

```
model = tf.keras.models.load_model(model_path)

class_indices = json.load(open(f"{working_dir}/class_indices.json"))
```

Este ficheiro class_indices contém os nomes das classes em forma de dicionário, como se segue:

"0": "Potato___Early_blight" e assim por diante.

Criámos uma função para carregar e pré-processar as imagens. O mesmo que fizemos na construção do modelo.

```
def load_and_preprocess_image(image_path, target_size=(224, 224)):
    img = Image.open(image_path)
    img = img.resize(target_size)
    img_array = np.array(img)
    # Add batch dimension
    img_array = np.expand_dims(img_array, axis=0)
    # Scale the image values to [0, 1]
    img_array = img_array.astype('float32') / 255.
    return img_array
```

Depois disso, criámos uma função para prever a classe das imagens.

```
def predict_image_class(model, image_path, class_indices):
    preprocessed_img = load_and_preprocess_image(image_path)
    predictions = model.predict(preprocessed_img)
    predicted_class_index = np.argmax(predictions, axis=1)[0]
    predicted_class_name = class_indices[str(predicted_class_index)]
    return predicted_class_name
```

O título da aplicação Streamlit é especificado.

```
st.title('Potato Leaf Disease Classifier')
```

Em seguida, criará um widget de carregamento de ficheiros para que o utilizador possa carregar imagens.

```
uploaded_image = st.file_uploader("Upload an image...", type=["jpg", "jpeg", "png"])
```

Em seguida, é criado o bloco if else.
Verifica se uma imagem foi carregada ou não.

```
if uploaded_image is not None:
    image = Image.open(uploaded_image)
    col1, col2 = st.columns(2)
```

Se houver uma imagem, esta será aberta utilizando o PIL e dividirá o ecrã em duas colunas.

Em seguida, col1 redimensiona a imagem carregada para um tamanho mais pequeno para apresentação.

```
with col1:
    resized_img = image.resize((150, 150))
    st.image(resized_img)
```

Col2 conterá o nome do botão "Classificar".

Se se clicar no botão "Classificar", a imagem carregada é pré-processada e a sua classe é prevista. A previsão é então apresentada.

```
with col2:
    if st.button('Classify'):
        prediction = predict_image_class(model, uploaded_image, class_indices)
        st.success(f'Prediction: {str(prediction)}')
```

CAPÍTULO 5

RESULTADOS E DEBATES

A GUI

No terminal, digite -> streamlit run app/main.py

Isto irá executar o ficheiro main.py.

Isto abrirá a aplicação streamlit no browser (mostrado acima).

Em seguida, podemos clicar no botão Browse files (Procurar ficheiros) para carregar as imagens.

Quando clicamos nesta opção, abre-se uma janela pop-up para seleccionarmos as imagens.

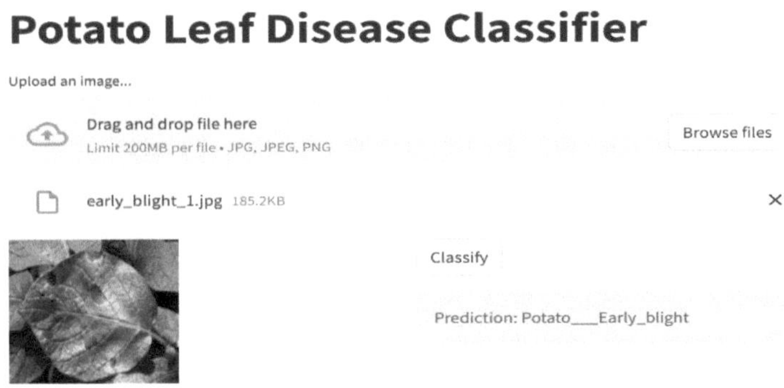

Depois de selecionar a imagem a carregar, a imagem é apresentada.

Depois, quando clicarmos no botão Classify (Classificar), a imagem será prevista corretamente (como mostrado acima).

CAPÍTULO 6

TRABALHO FUTURO E CONCLUSÃO

Em futuras iterações do projeto de classificação de doenças da folha da batateira utilizando CNNs, podem ser seguidas várias vias de melhoria e expansão. Isto inclui aumentar o conjunto de dados com amostras mais diversificadas, alargar a classificação para abranger doenças adicionais e explorar técnicas avançadas de aprendizagem por transferência para o refinamento do modelo. Os sistemas de monitorização de doenças em tempo real que integram a IoT e as imagens de drones podem melhorar a deteção de doenças ao nível do terreno. Além disso, os métodos de interpretabilidade podem fornecer informações sobre as decisões do modelo, enquanto a otimização para computação periférica e interfaces fáceis de utilizar podem facilitar a implantação e adoção generalizadas. A colaboração com peritos no domínio e a validação contínua em condições reais serão cruciais para aumentar a precisão e a relevância dos modelos. A monitorização a longo prazo e a análise das tendências permitiriam a avaliação das estratégias de gestão das doenças e contribuiriam para práticas sustentáveis de gestão das culturas.

CONCLUSÃO

Em conclusão, o projeto de classificação de doenças da folha da batateira utilizando CNNs representa um avanço significativo na automatização da deteção de doenças em culturas de batata. Ao treinar modelos CNN num conjunto de dados de imagens de folhas de batata, o projeto demonstrou a capacidade de identificar com precisão doenças comuns como o míldio, o míldio precoce e o vírus Y da batata. Este desenvolvimento é promissor para melhorar a saúde, a produtividade e a sustentabilidade das culturas, permitindo a deteção precoce de doenças e intervenções atempadas, reduzindo assim as perdas de rendimento e a utilização de pesticidas químicos. A investigação futura poderá centrar-se no aperfeiçoamento dos modelos, na integração de sistemas de monitorização em tempo real e no aumento da escalabilidade para uma adoção generalizada. Globalmente, este projeto contribui para o avanço da agricultura de precisão, beneficiando os produtores de batata de todo o mundo com ferramentas acessíveis para a gestão de doenças.

REFERÊNCIAS

1. Aditi Singh, Harjeet Kaur "Deteção e classificação de doenças nas folhas das plantas de batata utilizando metodologias de aprendizagem automática [1]" ICCRDA 2020
2. Tan Soo Xian, Ruzelita Ngadiran, "Plant Diseases Classification using Machine Learning", Hindawi 2021
3. Jun Liu e Xuewei Wang "Deteção de doenças e pragas das plantas com base na aprendizagem profunda", (ICoEngTech) 2021
4. Utkarsha N. Fulari, Rajveer K. Shastri, Anuj N. Fulari, Deteção de doenças das folhas utilizando a aprendizagem automática",ResearchGate 2019
5. Md. Selim Hossain, Rokeya Mumtahana Mou, "Reconhecimento e deteção da doença da folha de chá usando máquina de vetor de suporte", Colóquio Internacional sobre Processamento de Sinais e suas Aplicações, IEEE, 2018
6. ALA'A ABDU SALEH ALAWDI, "Plant Village Potato" Kaggle, Disponível em: https://www.kaggle.com/datasets/alawdisoft/plantvillagepotato

ANEXO I

IMPLEMENTAÇÃO COMPLETA

A parte da codificação é apresentada a seguir com os módulos específicos acima referidos.

Doença das folhas da batateira.ipynb

```
import tensorflow as tf
from tensorflow.keras import models, layers
import matplotlib.pyplot as plt
import json

IMAGE_SIZE = 256
BATCH_SIZE = 32
CHANNELS=3
EPOCHS=50

from google.colab import drive
drive.mount('/content/drive')

!pip install unrar
!unrar x /content/drive/MyDrive/PlantVillage/PlantVillage.rar

dataset = tf.keras.preprocessing.image_dataset_from_directory(
   "PlantVillage",
   shuffle = True,
   image_size = (IMAGE_SIZE,IMAGE_SIZE),
   batch_size = BATCH_SIZE,)

class_names = dataset.class_names
class_names

len(dataset)

for image_batch, labels_batch in dataset.take(1):
   print(image_batch.shape)
   print(labels_batch.numpy())

#Visualize some of the images from our dataset#

plt.figure(figsize=(10, 10))
for image_batch, labels_batch in dataset.take(1):
   for i in range(12):
      ax = plt.subplot(3, 4, i + 1)
      plt.imshow(image_batch[i].numpy().astype("uint8"))
      plt.title(class_names[labels_batch[i]])
      plt.axis("off")
```

Splitting the dataset

Dataset should be bifurcated into 3 subsets, namely:
1. Training: Dataset to be used while training
2. Validation: Dataset to be tested against while training
3. Test: Dataset to be tested against after we trained a model

```
len(dataset)
```

80% ==> training,

20% ==> 10% validation, 10% test

```
train_size = 0.8
len(dataset)*train_size

train_ds = dataset.take(54)
len(train_ds)

test_ds = dataset.skip(54)
len(test_ds)

val_size=0.1
len(dataset)*val_size

val_ds = test_ds.take(6)
len(val_ds)

test_ds = test_ds.skip(6)
len(test_ds)
```

Function for above

```
def get_dataset_partitions_tf(ds, train_split=0.8, val_split=0.1, test_split=0.1,
shuffle=True, shuffle_size=10000):


    ds_size = len(ds)

    if shuffle:
        ds = ds.shuffle(shuffle_size, seed=12)

    train_size = int(train_split * ds_size)
    val_size = int(val_split * ds_size)
```

```
  train_ds = ds.take(train_size)
  val_ds = ds.skip(train_size).take(val_size)
  test_ds = ds.skip(train_size).skip(val_size)

  return train_ds, val_ds, test_ds

train_ds, val_ds, test_ds = get_dataset_partitions_tf(dataset)

len(train_ds)

len(val_ds)

len(test_ds)
```

Cache Shuffle and Prefetch the data

```
train_ds = train_ds.cache().shuffle(1000).prefetch(buffer_size=tf.data.AUTOTUNE)
val_ds = val_ds.cache().shuffle(1000).prefetch(buffer_size=tf.data.AUTOTUNE)
test_ds = test_ds.cache().shuffle(1000).prefetch(buffer_size=tf.data.AUTOTUNE)

resize_and_rescale = tf.keras.Sequential([
 layers.experimental.preprocessing.Resizing(IMAGE_SIZE, IMAGE_SIZE),
 layers.experimental.preprocessing.Rescaling(1./255),
])

data_augmentation = tf.keras.Sequential([
 layers.experimental.preprocessing.RandomFlip("horizontal_and_vertical"),
 layers.experimental.preprocessing.RandomRotation(0.2),
])
```

Model

```
input_shape = (BATCH_SIZE, IMAGE_SIZE, IMAGE_SIZE, CHANNELS)
n_classes = 3

model = models.Sequential([
  resize_and_rescale,
  data_augmentation,
  layers.Conv2D(32, kernel_size = (3,3), activation='relu', input_shape=input_shape),
  layers.MaxPooling2D((2, 2)),
  layers.Conv2D(64,  kernel_size = (3,3), activation='relu'),
  layers.MaxPooling2D((2, 2)),
  layers.Conv2D(64,  kernel_size = (3,3), activation='relu'),
  layers.MaxPooling2D((2, 2)),
  layers.Conv2D(64, (3, 3), activation='relu'),
  layers.MaxPooling2D((2, 2)),
```

```
layers.Conv2D(64, (3, 3), activation='relu'),
    layers.MaxPooling2D((2, 2)),
    layers.Conv2D(64, (3, 3), activation='relu'),
    layers.MaxPooling2D((2, 2)),
    layers.Flatten(),
    layers.Dense(64, activation='relu'),
    layers.Dense(n_classes, activation='softmax'),
])

model.build(input_shape=input_shape)

model.summary()

model.compile(
    optimizer='adam',
    loss=tf.keras.losses.sparse_categorical_crossentropy(from_logits=False),
    metrics=['accuracy']
)

earlystop_callback = tf.keras.callbacks.EarlyStopping(monitor='val_accuracy',
                                             min_delta=0.0001,
                                             patience=5)

history = model.fit(
    train_ds,
    batch_size=BATCH_SIZE,
    validation_data=val_ds,
    verbose=1,
    epochs=EPOCHS,
)

scores = model.evaluate(test_ds)

scores

history.history.keys()
```

loss, accuracy, val loss etc are a python list containing values of loss, accuracy etc at the end of each epoch

```
type(history.history['loss'])

history.history['loss'][:5]
acc = history.history['accuracy']
val_acc = history.history['val_accuracy']
```

```
loss = history.history['loss']
val_loss = history.history['val_loss']

plt.figure(figsize=(8, 8))
plt.subplot(1, 2, 1)
plt.plot(range(EPOCHS), acc, label='Training Accuracy')
plt.plot(range(EPOCHS), val_acc, label='Validation Accuracy')
plt.legend(loc='lower right')
plt.title('Training and Validation Accuracy')


plt.subplot(1, 2, 2)
plt.plot(range(EPOCHS), loss, label='Training Loss')
plt.plot(range(EPOCHS), val_loss, label='Validation Loss')
plt.legend()
plt.title('Training and Validation Loss')
plt.show()
```

Run Prediction on Sample Image

```
import numpy as np
for images_batch, labels_batch in test_ds.take(1):

    first_image = images_batch[0].numpy().astype('uint8')
    first_label = labels_batch[0].numpy()

    print("first image to predict")
    plt.imshow(first_image)
    print("actual label:",class_names[first_label])

    batch_prediction = model.predict(images_batch)
    print("predicted label:",class_names[np.argmax(batch_prediction[0])])


def predict(model, img):
    img_array = tf.keras.preprocessing.image.img_to_array(images[i])
    img_array = tf.expand_dims(img_array, 0)

    predictions = model.predict(img_array)

    predicted_class = class_names[np.argmax(predictions[0])]
    confidence = round(100 * (np.max(predictions[0])), 2)
    return predicted_class, confidence
```

Now run inference on few sample images

```
plt.figure(figsize=(15, 15))
for images, labels in test_ds.take(1):
  for i in range(9):
    ax = plt.subplot(3, 3, i + 1)
    plt.imshow(images[i].numpy().astype("uint8"))

    predicted_class, confidence = predict(model, images[i].numpy())
    actual_class = class_names[labels[i]]

    plt.title(f"Actual: {actual_class},\n Predicted: {predicted_class}.\n Confidence: {confidence}%")

    plt.axis("off")
```

#Saving#

```
model.save('potato_disease_prediction_model.h5')
```

#class indices#

```
list1 = [0,1,2]

zip_list = zip(list1,class_names)

class_indices = dict(zip_list)
print(class_indices)

json.dump(class_indices, open('class_indices.json', 'w'))
```

main.py(ficheiro da aplicação streamlit)

```
import os
import json
from PIL import Image
import numpy as np
import tensorflow as tf
import streamlit as st

working_dir = os.path.dirname(os.path.abspath(__file__))
model_path = f"{working_dir}/trained_model/plant_disease_prediction_model.h5"

model = tf.keras.models.load_model(model_path)

class_indices = json.load(open(f"{working_dir}/class_indices.json"))

def load_and_preprocess_image(image_path, target_size=(224, 224)):
    img = Image.open(image_path)
    img = img.resize(target_size)
    img_array = np.array(img)
    # Add batch dimension
    img_array = np.expand_dims(img_array, axis=0)
    # Scale the image values to [0, 1]
    img_array = img_array.astype('float32') / 255.
    return img_array

def predict_image_class(model, image_path, class_indices):
    preprocessed_img = load_and_preprocess_image(image_path)
    predictions = model.predict(preprocessed_img)
    predicted_class_index = np.argmax(predictions, axis=1)[0]
    predicted_class_name = class_indices[str(predicted_class_index)]
    return predicted_class_name

st.title('Potato Leaf Disease Classifier')

uploaded_image = st.file_uploader("Upload an image...", type=["jpg", "jpeg", "png"])

if uploaded_image is not None:
    image = Image.open(uploaded_image)
    col1, col2 = st.columns(2)

    with col1:
        resized_img = image.resize((150, 150))
        st.image(resized_img)

    with col2:
        if st.button('Classify'):
            prediction = predict_image_class(model, uploaded_image, class_indices)
            st.success(f'Prediction: {str(prediction)}')
```

Dockerfile

```
FROM python:3.10-slim
COPY . /app
WORKDIR /app
RUN pip install -r requirements.txt
EXPOSE 80
RUN mkdir ~/.streamlit
RUN cp config.toml ~/.streamlit/config.toml
RUN cp credentials.toml ~/.streamlit/credentials.toml
ENTRYPOINT ["streamlit", "run"]
CMD ["main.py"]
```

Ficheiro de configuração

```
[global]
showWarningOnDirectExecution = true
[logger]
level = "debug"
[runner]
magicEnabled = true
[server]
folderWatchBlacklist = ['']
headless = true
```

liveSave = false

runOnSave = false

port = 80

enableCORS = false

[browser]

serverAddress = "0.0.0.0"

gatherUsageStats = true

serverPort = 80

MIX
Papier aus verantwortungsvollen Quellen
Paper from responsible sources
FSC® C105338

Printed by Books on Demand GmbH, Norderstedt / Germany